Ciberseguridad en las redes sociales

Cristopher Facundo González

Bibliographic information published by the German National Library:

The German National Library lists this publication in the National Bibliography; detailed bibliographic data are available on the Internet at http://dnb.dnb.de.

ISBN: 9783346783646
This book is also available as an ebook.

Print and binding: Books on Demand GmbH, Norderstedt, Germany
Printed on acid-free paper from responsible sources.

The present work has been carefully prepared. Nevertheless, authors and publishers do not incur liability for the correctness of information, notes, links and advice as well as any printing errors.

GRIN web shop: https://www.grin.com/document/1309439

CIBERSEGURIDAD DE LAS REDES SOCIALES

NOMBRE DE LOS INTEGRANTES:

CRISTOPHER FACUNDO GONZÁLEZ

CARRERA: INGENIERÍA EN SISTEMAS COMPUTACIONALES.

Resumen:

Este estudio se realizó con el fin de recopilar información sobre la ciberseguridad en las redes sociales, además de cuáles son los peligros en las redes, por lo tanto el principal objetivo de esta investigación es conocer más acerca de la ciberseguridad en las rede sociales , esto se debe a que en la actualidad las redes forman parte de nuestra vida diaria ya que es esencial para mantenerse comunicado a nivel global , no obstante existe muchos peligros dentro de las redes sociales por esta razón ,es que la ciberseguridad busca proteger y salvaguardar los datos de los usuarios que utilizan el internet y las redes sociales además de proteger los datos personales tanto de las mismas empresas que interactúan con dicha información ,en resumen la ciberseguridad busca proteger los datos personales de los usuarios que navegan por las rede sociales , así que la ciberseguridad se enfoca en prevenir los ciberataques, el ciberbullyng, ciberdelincuencia, cibera coso y busca resolver los problemas relacionados con el internet y las redes , para que no se pueda filtrar o alterar algún dato del usuario que utiliza y navega por las redes sociales .

Palabras Clave: Ciberseguridad, Redes Sociales, Internet

Keywords: Cybersecurity, Social networks, Internet.

This study was carried out in order to collect information about cybersecurity in social networks, in addition to what are the dangers in networks, therefore the main objective of this research is to learn more about cybersecurity in social networks, this It is due to the fact that networks are currently part of our daily life since it is essential to stay communicated globally, however there are many dangers within social networks for this reason, cybersecurity seeks to protect and safeguard data of users who use the internet and social networks, in addition to protecting the personal data of both the same companies that interact with said information, in summary, cybersecurity seeks to protect the personal data of users who browse social networks, so the cybersecurity focuses on preventing cyberattacks, cyberbullying, cybercrime, cyber bullying and seeks to solve the problems emas related to the internet and networks, so that any data of the user who uses and browses social networks cannot be filtered or altered.

Hoy en día las redes sociales se han convertido en una parte esencial en la vida del ser humano, ya que los seres humanos están dependiendo cada vez más de las redes sociales y del internet debido a que diariamente comparten datos personales como: contraseñas, la edad, la ubicación, nombre completo, fotos, cuentas personales, entre otros tipos de información relacionados al usuario. Al compartir ese tipo de datos el usuario se vuelve vulnerable por el motivo de no saber con qué fin y a dónde llega su información personal, puede ser víctima de un ciberataque. Sin embargo, las redes sociales no siempre serán un aspecto negativo, todo usuario puede sufrir un ciberataque en cualquier momento y espacio del internet, con tal de que usemos las medidas necesarias de la ciberseguridad los datos personales estarán seguros y protegidos de un malware. (Escobar, 2022).

El objetivo de la ciberseguridad es desarrollar fuentes y estrategias que mantengan de manera segura los datos de los usuarios para que puedan navegar de manera libre y segura. Como lo menciona el autor Cantero (2021): *"Los riesgos y amenazas en el ciberespacio son un hecho incuestionable, para lo que se deben adoptar medidas con el fin de minimizar los daños que puedan ocasionar, es decir, sistemas actualizados de ciberseguridad"*. (p.28)

Los sitios web en las redes sociales como Facebook pueden llegar a ser peligrosos Pero la gente lo usa cada vez más para hacerlo aún más inseguro para los demás usuarios ya que permite que las personas configuran cuentas falsas con el fin de producir un engaño en las redes sociales, una vez que se vuelve viral la gente comienza preocuparse por la seguridad de su cuenta e información personal ya que puede ser expuesta para todo el mundo. Como lo menciona el autor Martínez (2021): *"Precisamente porque cada vez las personas hacemos más uso de las redes sociales y estamos siendo más vulnerables antes los posibles ataques y amenazas. Entender esta relación desde una posición holística y responsable nos permite encontrar posibles soluciones"*. (p.216).

2

Cuando las personas hablan de la ciber seguridad en redes sociales automáticamente piensan en hackers y la mayoría de las personas no saben que las mismas compañías de las redes sociales con las que interactúan día con día son responsables de su información de su cuenta y personal. Como el problema que tuvo Mark Zuckerberg con el manejó de política de información de las personas que usan Facebook y la mayoría de gente no toma en cuenta todo esto. Como lo menciona el autor Rocafull. (2018):

"Cuando hablamos de riesgos o peligros se hace referencia a la integridad, disponibilidad y confidencialidad de los datos e información que son inherentes o generamos nosotros, así como dispositivos telemáticos". (p.6).

Al navegar por las redes sociales se debe tener ciertas precauciones para poder proteger los datos personales, esto hace énfasis en qué los padres deben tener cuidado, cuando su hijo navega por internet debido a que al usar redes sociales pone en riesgo su vida ya que puede ser víctima de algún ataque de un hacker o una extorsión, así que es necesario poner atención cuando su hijo navegue en internet y así mismo usar las medidas de seguridad o ciberseguridad. Como lo menciona el autor Tapia (2021):

"A pesar de que la ciberseguridad es un tema que requiere ser abordado desde la participación y cooperación a nivel internacional, es importante el papel de cada usuario en aras de protegerse y prevenir ser víctima de las diferentes amenazas que se encuentran en el entorno virtual, de ahí que se considere la necesidad de una cultura de la ciberseguridad enfocada en la prevención, mediante el conocimiento de los riesgos y las amenazas a las que se enfrentan al navegar en un entorno virtual, así como las medidas que se deben tomar para garantizar la seguridad y uso responsable del internet, además de contar con las herramientas necesarias para actuar en caso de ser víctima de algún delito o alguna conducta que, a pesar de que aún no esté tipificada, nos cause un daño". (p.153).

Las redes sociales son una parte crucial de la vida moderna, pero su utilidad no debe darse por sentada. Las plataformas son globales, accesibles y convenientes, pero también son vulnerables a los ciberataques. Las redes sociales son una fuente de información y conexiones para miles de millones de personas en todo el mundo. Además, son una herramienta conveniente para que las empresas se conecten con clientes actuales y potenciales. Desafortunadamente, la naturaleza de las redes sociales las convierte en un Objetivo para los ciber delincuentes o hackers, y eso las convierte en un blanco fácil para las malas prácticas de seguridad. Afortunadamente, hay pasos que todos podemos tomar para hacer que nuestra presencia en línea sea más segura, como Evita el acceso a sitios web de dudosa reputación y no proporcionar datos personales o bancarios en sitios inseguros. Cómo lo menciona el autor HÜtt. (2012):

> *"El origen de las redes sociales y su acelerado avance en la aparición de nuevas tendencias de comunicarse, así como en el uso que se les da, se denota la relevancia de brindar recomendaciones que sirvan de guía de cómo proteger y educar la forma de relacionarse a través de internet. menciona que "Internet ha facilitado la creación de espacios de interacción virtual innumerables, lo que implica que las redes sociales, como Facebook, WhatsApp e Instagram son de las más comunes entre la juventud, según chacón; así como la aplicación Snapchat, de acuerdo con herrera". (p. 125)*

La razón principal por la que las redes sociales son un buen punto de partida para la ciberseguridad es porque son muy abiertas y accesibles para todos. La mayoría de las personas utilizan las redes sociales a diario para comunicarse con amigos, familiares y conocidos. Esto facilita que los hackers intercepten y recopilen datos personales sin que nadie se dé cuenta. Esos datos se pueden usar con fines maliciosos, como el robo de identidad, estafas, robos, acoso y secuestros etc. Como lo menciona el autor Vaderhoven. (2014):

> *"En síntesis, en las definiciones de los peligros de contenido se entienden como aquellos mensajes de odio y mensajes diversos, entre otros que podrían influenciar negativamente a nuestra niñez y juventud. En este rango se incluyen: acceso a pornografía, mensajes racistas, xenofóbicos, sectarios, entre otros. Los de contacto están ligados a todos los medios de comunicación que existen hoy en día a través de las TIC, dígase mensajerías SMS, mensajería instantánea, chats, redes sociales, entre otros, estos están ligados a ciberbullyng, acoso sexual, riesgos de privacidad, donde los datos y fotos personales puedes ser sustraídos. El último, el comercial, se liga al uso indebido de la información y fotos personales, uso de los datos para hacer seguimiento del comportamiento de la niñez y la adolescencia". (p.1).*

A pesar de lo complicado que es mantener la seguridad cibernética global, estos problemas solo aumentarán con un mayor avance tecnológico. Las redes facilitan que cualquier persona como niños, adolescentes y adultos acceda a fuentes de datos peligrosas sin siquiera saberlo, lo que las convierte en un lugar ideal para que los hackers coloquen sus trampas, donde los más propensos hacer engañados son los menores de edad. Como lo menciona el autor Seas. (2016):

> *"La figura del padre y la madre de familia se convierte en el actor principal del proceso no formal de enseñanza. Es un campo de estudio dinámico, que se construye, renueva y contextualiza en cada realidad educativa, tanto en el sistema educativo formal (dirigido a*

la obtención de grados o títulos propios del sistema educativo) como en el no formal. Asimismo, que la didáctica tiene una dualidad de funciones; por un lado, es un campo de estudio que genera conocimiento; y por otro, una guía práctica para la construcción de los procesos educativos (enseñanza, aprendizaje y evaluación). Es responsabilidad de los padres y madres construir el proceso educativo más idóneo y contextualizarlo a las nuevas tendencias en el ámbito de la comunicación, específicamente al uso y manejo de las redes sociales por parte de sus hijos e hijas. Es importante que analicen las características de su entorno y lugar donde se desarrollan, así como las personas con las que interactúan, con el fin de establecer los mejores mecanismos que permitan gestionar ciberseguridad". (p.12).

Empieza por evaluar la seguridad que acompaña el seguimiento de información. El caso es muy importante que las compañías empiecen a orientar la seguridad de sus sistemas a objetivos comunes y hacer de este compromiso una prioridad de obtención de rentabilidad. El abanico de nuestras oportunidades no se limita a lo particular, sino a la nueva esfera digital que vivimos hoy en día. La expansión tecnológica genera el potencial de incrementar la propia seguridad y de gestar seguridad personal, publica Forbes. El tema social de seguridad hace más complicado el diseño de los teléfonos. Como lo menciona el autor Santiago. (2017):

"La gran mayoría de los componentes tecnológicos que usan todas las organizaciones a nivel mundial tienen vulnerabilidades. Según la compañía CYBSEC Security muchas de estas debilidades pueden nacer con el producto como parte del diseño, tal vez por la omisión de los requisitos mínimos de seguridad de la información". (p.11).

Hoy en día la ciberseguridad es indispensable ya que nos ayuda a evitar ser víctimas de engaños en redes sociales, lo cual puede poner en riesgo la información privada de los usuarios. Como lo menciona el autor Vargas (2019):

"La ciberseguridad es una herramienta que permite en muchos casos evitar ser víctima de proporcionar información privada de la persona, evitando en todo caso que personas ajenas se apropien de la identidad de usuario para fines inapropiados, como pornografía, violación íntima, robos, extorciones, entre otros". (p.2).

En la actualidad es importante que un adulto supervise el contenido de las redes sociales de un menor de edad ya que estos fácilmente pueden ser engañados a través de perfiles falsos, poniéndolos en peligro. Como lo menciona el autor Schmidt (2019):

"En la actualidad, a través de los medios de comunicación se conoce que las personas menores de edad están siendo engañadas, utilizadas en redes de prostitución infantil, secuestradas y violadas por "supuestas" amistades que hicieron en redes sociales y que no son más que perfiles falsos de personas pedófilas y degeneradas". (p.9).

Ahora bien, debido al gran uso de las redes sociales por parte de los usuarios y siendo éstas sus principales medios de comunicación se puede tener una idea de la información que se encuentra en cualquier red social. Lo cual pone en riesgo la privacidad de los usuarios haciendo que el anonimato o la ausencia de las redes sociales se convierta en las únicas maneras de estar a salvo. Como lo menciona el autor Bartolomé (2021):

> "Las redes sociales concentran las mayores preocupaciones en lo que hace a la naturaleza privada de los datos personales en Internet. La cuestión se vincula con la importante cantidad de información de sus usuarios que tienen las redes, y las incógnitas que se plantean en torno a su preservación y empleo. Cobo (2019) indica que la privacidad de los datos, en los espacios digitales, se ha tornado en un bien escaso al cual prácticamente no puede acceder el ciudadano normal. La única manera de lograrla sería produciendo una desconexión con todos los canales digitales y servicios asociados, una opción que por su alto costo suele descartarse. Kara Nicolás (2014) nos dice que, al ponerse en riesgo la privacidad de sus datos personales, los usuarios de Internet ven comprometido su anonimato, un valor particularmente importante en el plano cibernético, desde el momento en que proporciona una sensación de libertad. Libertad para seguir gustos e intereses secretos, o para expresar opiniones o sentimientos, sin miedos. El anonimato también opera como protección frente a diferentes contingencias, desde la vergüenza a la violencia real". (p.171).

Sumando lo anterior la ciberseguridad en las redes sociales es sumamente importante puesto que son el principal objetivo de que un usuario pueda sufrir un ciberataque, ciberbullyng, ciberacoso, entre otras cosas, nos referimos a cualquier ataque cibernético. Cómo lo menciona el autor Candau (2021):

> "Las plataformas móviles se han convertido en un vector de ataque utilizado por los diferentes actores por la extraordinaria rentabilidad que supone poder acceder a toda la información disponible en el dispositivo de una autoridad como contactos, correos electrónicos, ubicación o conversaciones de cualquier sistema de mensajería tipo WhatsApp, Telegram o Signal. También con ataques a redes sociales como Twitter o Instagram mediante el secuestro de los perfiles de los usuarios". (p.19).

En resumen, la finalidad de la ciberseguridad es fomentar herramientas capaces de analizar y proteger a los usuarios de los ataques cibernéticos. como lo menciona el autor Camacho (2021):

> "Está línea de investigación tiene como objetivo principal el desarrollo de métodos para la detección de amenazas y ataques cibernéticos, principalmente aquellos en los que se realizan operaciones no deseadas ni permitidas en el dispositivo de un usuario. Estos métodos se basarán en modelos de Aprendizaje Automático por un lado de Clustering, para la búsqueda de patrones que identifiquen estas amenazas, y por otro lado de Clasificación, para determinar, en base a una información que caracterice un comportamiento concreto, si este tiene un carácter benigno o maligno". (p.2).

Al navegar por las redes sociales se debe tener ciertas precauciones para poder proteger los datos personales, esto hace énfasis en qué los padres deben tener cuidado, cuando su hijo navega por internet debido a que al usar redes sociales pone en riesgo su vida ya que puede ser víctima de algún ataque de un hacker o una extorsión, así que es necesario poner atención cuando su hijo navegue en internet y así mismo usar las medidas de seguridad o ciberseguridad. Como lo menciona el autor Tapia (2021):

> *"A pesar de que la ciberseguridad es un tema que requiere ser abordado desde la participación y cooperación a nivel internacional, es importante el papel de cada usuario en aras de protegerse y prevenir ser víctima de las diferentes amenazas que se encuentran en el entorno virtual, de ahí que se considere la necesidad de una cultura de la ciberseguridad enfocada en la prevención, mediante el conocimiento de los riesgos y las amenazas a las que se enfrentan al navegar en un entorno virtual, así como las medidas que se deben tomar para garantizar la seguridad y uso responsable del internet, además de contar con las herramientas necesarias para actuar en caso de ser víctima de algún delito o alguna conducta que, a pesar de que aún no esté tipificada, nos cause un daño". (p.153).*

Las redes sociales son una parte crucial de la vida moderna, pero su utilidad no debe darse por sentada. Las plataformas son globales, accesibles y convenientes, pero también son vulnerables a los ciberataques. Las redes sociales son una fuente de información y conexiones para miles de millones de personas en todo el mundo. Además, son una herramienta conveniente para que las empresas se conecten con clientes actuales y potenciales. Desafortunadamente, la naturaleza de las redes sociales las convierte en un Objetivo para los ciber delincuentes o hackers, y eso las convierte en un blanco fácil para las malas prácticas de seguridad. Afortunadamente, hay pasos que todos podemos tomar para hacer que nuestra presencia en línea sea más segura, como Evita el acceso a sitios web de dudosa reputación y no proporcionar datos personales o bancarios en sitios inseguros. Cómo lo menciona el autor HÜtt. (2012):

> *"El origen de las redes sociales y su acelerado avance en la aparición de nuevas tendencias de comunicarse, así como en el uso que se les da, se denota la relevancia de brindar recomendaciones que sirvan de guía de cómo proteger y educar la forma de relacionarse a través de internet. menciona que "Internet ha facilitado la creación de espacios de interacción virtual innumerables, lo que implica que las redes sociales, como Facebook, WhatsApp e Instagram son de las más comunes entre la juventud, según chacón; así como la aplicación Snapchat, de acuerdo con herrera". (p. 125).*

La razón principal por la que las redes sociales son un buen punto de partida para la ciberseguridad es porque son muy abiertas y accesibles para todos. La mayoría de las personas utilizan las redes sociales a diario para comunicarse con amigos, familiares y conocidos. Esto facilita que los hackers intercepten y recopilen datos personales sin que nadie se dé cuenta. Esos datos se pueden usar con fines maliciosos, como el robo de identidad, estafas, robos, acoso y secuestros etc. Como lo menciona el autor Vaderhoven. (2014):

"En síntesis, en las definiciones de los peligros de contenido se entienden como aquellos mensajes de odio y mensajes diversos, entre otros que podrían influenciar negativamente a nuestra niñez y juventud. En este rango se incluyen: acceso a pornografía, mensajes racistas, xenofóbicos, sectarios, entre otros. Los de contacto están ligados a todos los medios de comunicación que existen hoy en día a través de las TIC, dígase mensajerías SMS, mensajería instantánea, chats, redes sociales, entre otros, estos están ligados a ciberbullyng, acoso sexual, riesgos de privacidad, donde los datos y fotos personales puedes ser sustraídos. El último, el comercial, se liga al uso indebido de la información y fotos personales, uso de los datos para hacer seguimiento del comportamiento de la niñez y la adolescencia". (p.1).

A pesar de lo complicado que es mantener la seguridad cibernética global, estos problemas solo aumentarán con un mayor avance tecnológico. Las redes facilitan que cualquier persona como niños, adolescentes y adultos acceda a fuentes de datos peligrosas sin siquiera saberlo, lo que las convierte en un lugar ideal para que los hackers coloquen sus trampas, donde los más propensos hacer engañados son los menores de edad. Como lo menciona el autor Seas. (2016):

"La figura del padre y la madre de familia se convierte en el actor principal del proceso no formal de enseñanza. Es un campo de estudio dinámico, que se construye, renueva y contextualiza en cada realidad educativa, tanto en el sistema educativo formal (dirigido a la obtención de grados o títulos propios del sistema educativo) como en el no formal. Asimismo, que la didáctica tiene una dualidad de funciones; por un lado, es un campo de estudio que genera conocimiento; y por otro, una guía práctica para la construcción de los procesos educativos (enseñanza, aprendizaje y evaluación). Es responsabilidad de los padres y madres construir el proceso educativo más idóneo y contextualizarlo a las nuevas tendencias en el ámbito de la comunicación, específicamente al uso y manejo de las redes sociales por parte de sus hijos e hijas. Es importante que analicen las características de su entorno y lugar donde se desarrollan, así como las personas con las que interactúan, con el fin de establecer los mejores mecanismos que permitan gestionar ciberseguridad". (p.12).

0

Empieza por evaluar la seguridad que acompaña el seguimiento de información. El caso es muy importante que las compañías empiecen a orientar la seguridad de sus sistemas a objetivos comunes y hacer de este compromiso una prioridad de obtención de rentabilidad. El abanico de nuestras oportunidades no se limita a lo particular, sino a la nueva esfera digital que vivimos hoy en día. La expansión tecnológica genera el potencial de incrementar la propia seguridad y de gestar seguridad personal, publica Forbes. El tema social de seguridad hace más complicado el diseño de los teléfonos. Como lo menciona el autor Santiago. (2017):

> "La gran mayoría de los componentes tecnológicos que usan todas las organizaciones a nivel mundial tienen vulnerabilidades. Según la compañía CYBSEC Security muchas de estas debilidades pueden nacer con el producto como parte del diseño, tal vez por la omisión de los requisitos mínimos de seguridad de la información". (p.11).

Hoy en día la ciberseguridad es indispensable ya que nos ayuda a evitar ser víctimas de engaños en redes sociales, lo cual puede poner en riesgo la información privada de los usuarios. Como lo menciona el autor Vargas (2019):

> "La ciberseguridad es una herramienta que permite en muchos casos evitar ser víctima de proporcionar información privada de la persona, evitando en todo caso que personas ajenas se apropien de la identidad de usuario para fines inapropiados, como pornografía, violación intima, robos, extorciones, entre otros". (p.2).

En la actualidad es importante que un adulto supervise el contenido de las redes sociales de un menor de edad ya que estos fácilmente pueden ser engañados a través de perfiles falsos, poniéndolos en peligro. Como lo menciona el autor Schmidt (2019):

> "En la actualidad, a través de los medios de comunicación se conoce que las personas menores de edad están siendo engañadas, utilizadas en redes de prostitución infantil, secuestradas y violadas por "supuestas" amistades que hicieron en redes sociales y que no son más que perfiles falsos de personas pedófilas y degeneradas". (p.9).

Ahora bien, debido al gran uso de las redes sociales por parte de los usuarios y siendo éstas sus principales medios de comunicación se puede tener una idea de la información que se encuentra en cualquier red social. Lo cual pone en riesgo la privacidad de los usuarios haciendo que el anonimato o la ausencia de las redes sociales se convierta en las únicas maneras de estar a salvo. Como lo menciona el autor Bartolomé (2021):

1

"Las redes sociales concentran las mayores preocupaciones en lo que hace a la naturaleza privada de los datos personales en Internet. La cuestión se vincula con la importante cantidad de información de sus usuarios que tienen las redes, y las incógnitas que se plantean en torno a su preservación y empleo. Cobo (2019) indica que la privacidad de los datos, en los espacios digitales, se ha tornado en un bien escaso al cual prácticamente no puede acceder el ciudadano normal. La única manera de lograrla sería produciendo una desconexión con todos los canales digitales y servicios asociados, una opción que por su alto costo suele descartarse. Kara Nicolás (2014) nos dice que, al ponerse en riesgo la privacidad de sus datos personales, los usuarios de Internet ven comprometido su anonimato, un valor particularmente importante en el plano cibernético, desde el momento en que proporciona una sensación de libertad. Libertad para seguir gustos e intereses secretos, o para expresar opiniones o sentimientos, sin miedos. El anonimato también opera como protección frente a diferentes contingencias, desde la vergüenza a la violencia real". (p.171).

Sumando lo anterior la ciberseguridad en las redes sociales es sumamente importante puesto que son el principal objetivo de que un usuario pueda sufrir un ciberataque, ciberbullyng, ciberacoso, entre otras cosas, nos referimos a cualquier ataque cibernético. Cómo lo menciona el autor Candau (2021):

"Las plataformas móviles se han convertido en un vector de ataque utilizado por los diferentes actores por la extraordinaria rentabilidad que supone poder acceder a toda la información disponible en el dispositivo de una autoridad como contactos, correos electrónicos, ubicación o conversaciones de cualquier sistema de mensajería tipo WhatsApp, Telegram o Signal. También con ataques a redes sociales como Twitter o Instagram mediante el secuestro de los perfiles de los usuarios". (p.19).

En resumen, la finalidad de la ciberseguridad es fomentar herramientas capaces de analizar y proteger a los usuarios de los ataques cibernéticos, como lo menciona el autor Camacho (2021):

"Está línea de investigación tiene como objetivo principal el desarrollo de métodos para la detección de amenazas y ataques cibernéticos, principalmente aquellos en los que se realizan operaciones no deseadas ni permitidas en el dispositivo de un usuario. Estos métodos se basarán en modelos de Aprendizaje Automático por un lado de Clustering, para la búsqueda de patrones que identifiquen estas amenazas, y por otro lado de Clasificación, para determinar, en base a una información que caracterice un comportamiento concreto, si este tiene un carácter benigno o maligno". (p.2).

En conclusión, la ciberseguridad en las redes sociales se enfoca en salvaguardar la integridad de los usuarios y de su información personal tanto como los sistemas informáticos, sin importar el país, región, lugar, etc., la ciberseguridad siempre está enfocada en garantizar seguridad a los usuarios que naveguen en cualquier red social, esto con el fin de que los usuarios puedan estar seguros al navegar en redes o en internet sus datos son seguros gracias a la ciberseguridad. (Patiño, 2021).

En la actualidad las redes sociales son el objetivo principal de ataques cibernéticos, es decir que las redes sociales hoy en día son las redes más vulnerables en las que un usuario puede sufrir cualquier ataque cibernético, como o menciona el autor Alonso (2018): *"La red se ha convertido en un escenario de competición geopolítica y económica entre Estados donde se entremezclan ciberataques, ciberdelitos y desinformación con un propósito desestabilizador". (p.1).*

Por esta razón la ciberseguridad en las redes sociales siempre se enfocan en crear normas y estrategias que puedan garantizar seguridad a los usuarios que navegan por cualquier red social, pero más sin embargo no siempre estas estrategias pueden llegar a ser el cien por ciento seguras, debido a que como consecuencia de crear mayor seguridad en las redes, los ciberdelicuentes se preparan para desarrollar nuevas estrategias que le permita robar información o divulgar algún tipo de información maliciosa, como lo menciona el autor Castillo (2021): *"Existe todo un compendio de protocolos, normativas, recomendaciones, buenas prácticas, pero nada de esto puede garantizar que su sistema u organización esté segura frente a un ciberataque". (p.10).*

En efecto hoy en día la ciberseguridad es de suma importancia para cualquier usuario que navegue en redes sociales , ya que si quiere mantener su información personal segura debe aplicar las herramientas de ciberseguridad que existen hoy en día , pero siempre actualizando esas medidas conforme avance la tecnología , debido a que la tecnología se actualiza , las redes sociales y la ciberseguridad también lo hacen, por ello es recomendable que se actualice las medidas de seguridad para evitar sufrir los ataques cibernéticos, como lo menciona el autor Celin (2019): *"La implementación de medidas efectivas de ciberseguridad es particularmente desafiante hoy dado que existen más dispositivos que personas, y los atacantes se están volviendo más innovadores". (p.34)*

Los Jóvenes y personas que están involucradas en los sitios web tienen el riesgo de correr peligro ya que al usar su cuenta los hackers tienen más probabilidades de entrar a su dirección ip y entrar a la base de datos de su ordenador, como lo menciona el autor Morales y plaza (2022): *"Uso de software y sitios web no seguro, entre otras consideraciones que han logrado identificar la vulnerabilidad de los dispositivos de acceso a internet". (p.9).*

Las Grandes empresas no se salvan de los ciber ataques ya que estas están en constante actividad, por lo cual importante que los servidores estén en mantenimiento para asegurar la información de los usuarios y la empresa, como lo menciona la autora Cadeño (2021): *"Los ciberataques se pueden dar por amenazas que pueden ser de origen externo; y también por las vulnerabilidades del sistema informático". (p.53).*

En cuanto a las Organizaciones y empresas tienden estar en constante protección de servidores ya que los hackers atacan a las compañías con un valor monetario alto y estas deben tener en mantenimiento tanto sus servidores privados como su sistema para evitar robo de datos Personales, información de la empresa y dinero, como lo menciona el autor Piernas (2021): *"Por cierto que, sobre los ciberataques y sobre la noción de ciber- seguridad y de los riesgos, amenazas y respuestas ante la no proclamada pero verosímil guerra cibernética". (p.555).*

Esta demás decir que en las redes sociales los usuarios pueden ser víctimas de un ataque cibernético, como lo menciona el autor Coyac (2020):

"Los trabajos aquí presentados están orientados a detectar y clasificar distintas formas de ciberataques que son distribuidos en las redes sociales, y que pueden engañar al usuario para que interactúe con el contenido que existe dentro de los mensajes de estas redes; por ejemplo, acceder a sitios con malware a través de una URL, ataques del tipo ingeniería social, Spam, descarga de contenido malicioso, entre otros. De tal manera que estas amenazas tienen como objetivo afectar y desestabilizar el sistema o recurso que le pertenece al usuario". (p.1035).

La integridad y seguridad de la información es un problema que suerte debido a la implementación y desarrollo de información en tiempo real, es decir la facilidad con la que se comparte la información y la falta de mecanismos de seguridad para contrarrestar las debilidades de sistemas informáticos instalados, como lo menciona el autor Martínez y Ávila (2021):

"Siguiendo este orden de ideas es importante reconocer que con la implantación y desarrollo de la información en tiempo real y del auge de la inteligencia artificial surge un problema principal la integridad y la seguridad de la información. Precisamente una de las problemáticas a la que deben enfrentarse los responsables de la ciberseguridad está dado, en que deben crear mecanismos de seguridad, que sean capaces de contrarrestar las vulnerabilidades que presentan los sistemas informáticos instalados. El problema como tal, surge desde el propio inicio de la creación de estos sistemas y fue mayormente relacionado con la inteligencia militar. En este contexto, Steel (1996), señaló que, en el amplio dominio de la seguridad, los analistas y los responsables de la formulación de políticas necesitan conocer el estado del mundo para tomar decisiones críticas oportunas, tanto operativas / tácticas como estratégicas. Este conocimiento debe extraerse de una variedad de fuentes diferentes y luego representarse en una forma que permita un mayor

análisis y toma de decisiones. Algunos de los datos subyacentes a este conocimiento se encuentran en fuentes textuales tradicionalmente asociadas con la inteligencia de código abierto (OSINT). Conforme a Mathews, Halvorsen, Joshi y Finin, (2012), OSINT es información recopilada de información disponible públicamente de fuentes abiertas, tales como periódicos, revistas, sitios de redes sociales, sitios para compartir videos, wikis, blogs, etc. En el dominio de la ciberseguridad, la información disponible a través de OSINT puede complementar los datos". (p.220).

La política de ciberseguridad en México es la aplicación de nuevas tecnologías de la información y comunicación gubernamental en el sector político, es decir es un mecanismo de autocontrol y autodeterminación. Es decir, el gobierno busca limitar ciertos aspectos que pueden ser peligrosos en Internet, como lo menciona el autor Piña (2019):

"La sociedad informatizada ha demandado el establecimiento de parámetros de planeación estratégica que permitan a los Estados y a los individuos su dirección e inserción. En este sentido, la política informática conforma el conjunto de directrices orientadas al desarrollo de la industria informática; la aplicación de las nuevas tecnologías de la información y la comunicación en el sector gubernamental con el propósito de vincularse con la ciudadanía y en el mejoramiento de la administración pública y los servicios que presta; así como para planificar el impulso, desarrollo y consolidación de los individuos en el sí. En los albores de la revolución informática, la política informática se limitaba a la regulación de los estándares industriales que permiten la fabricación, distribución, importación y exportación de equipos, programas y consumibles de cómputo, es decir, se trata de una regulación basada en estándares tecnológicos. Con el advenimiento del ciberespacio y la multiplicidad de interacciones que se dan en su seno, evolucionó como un mecanismo de autorregulación, es decir, como un sistema que tiene como uno de sus rasgos distintivos la participación de los grupos concernientes y de la sociedad en general, Es decir, es un mecanismo de autocontrol y autodeterminación basado en un código deontológico compartido". (p.56).

El ciberbullying es un caso muy popular y conocido ya que se enfoca en acosar, amenazar y humillar a un joven o niño esto ocurre en las redes sociales como Facebook, Instagram y WhatsApp etc. El ciberbullying se representa en distintas formas como el racismo el tipo de orientación sexual como viste o rasgos físicos etc. esto provoca que la víctima se sienta amenazada y humillada, como lo menciona el autor Arab y Díaz (2015):

"Se puede manifestar de distintas formas: publicar en internet una imagen, video, "memes", datos privados y cualquier información que pueda perjudicar o avergonzar a alguien o hacerse pasar por otra persona creando un perfil falso, ya sea para exponer aspectos privados de ella o agredir a terceros, entre otros". (p.10).

Debido a la situación actual varios países han decidido empezar un cambio en las estrategias para combatir amenazas en el ciberespacio. Países como Alemania y en latinoamericana han implementado distintos programas, además distintas organizaciones internacionales han creado estrategias para afrontar amenazas de ciberdefensa, como lo menciona el autor Vargas, Recalde y Reyes (2017):

"Como se mencionó anteriormente, los Estados, organizaciones regionales y órganos de seguridad y defensa, han empezado a realizar un cambio en su estrategia con el fin de lograr enfrentar las amenazas en el ciberespacio o al menos disminuir su impacto. Los ejemplos de acciones en cada país son innumerables, entre los que podemos citar: Alemania, con el lanzamiento de su Estrategia de Seguridad Cibernética, la creación de su Centro Nacional de Ciberdefensa y la publicación de su Plan Nacional para la protección de Infraestructuras de información (NPIIP) en el 2011 (Acosta 2009); (2) España, que ha creado un Centro y un Plan Nacional de Protección de las Infraestructuras Críticas en el 2011 y también un Mando Conjunto de Ciberdefensa en el 2013 (Acosta 2009); y (3) Francia, que ha creado una Agencia de Seguridad para las Redes e Información (ANSSI) y una Estrategia de Defensa y Seguridad de los Sistemas de información en el 2011 (Acosta 2009). Algunos países en Latinoamérica no han sido la excepción, pues han realizado esfuerzos para aportar a su estrategia en ciberdefensa y ciberseguridad. Algunos ejemplos son: (1) Colombia, que ha creado el grupo de inteligencia para análisis del ciberespacio en el 2005, el colCERT en 2009 y la Estrategia Integral para Ciberseguridad y Ciberdefensa CONPES en el 2011 (Acosta 2009) (Ministerio de Defensa Nacional de Colombia 2009); y (2) Perú, que ha creado la Coordinación de respuesta de Emergencia de Redes Teleinformáticas de Administración Pública pe CERT en 2009 y la Política y Estrategia Nacional de Ciberseguridad y Ciberdefensa en el 2013 (Acosta 2009). Las organizaciones internacionales no se han quedado atrás. También se han esforzado de dotar con modelos o estrategias para la afrontar las amenazas de ciberdefensa y ciber seguridad a los Estados. Han publicado varios documentos o estándares, como la Guía de la ciberseguridad para los países en desarrollo (ITU 2007) o el National Cybersecurity Strategy Guide (ITU 2011).8 Ambos son modelos de referencia basados en la valoración de activos". (p.35).

Los jóvenes y niños todavía son muy vulnerables a los ataques cibernéticos ya que son muy fáciles de engañar con cualquier tipo de publicación y en donde los hackers aprovechan para poder robar su información personal o incluso robar su identidad es por eso que hay que enseñar a los jóvenes y niños para que puedan evitar estos de riesgos en las redes sociales, como lo menciona el autor Gutiérrez (2022):

"Las Redes Sociales han abierto un mundo de posibilidades para la comunicación y el desarrollo personal, aunque utilizadas de una manera inadecuada son una herramienta potencialmente peligrosa para aquellas personas que no son conscientes de la enorme capacidad de estas. Los menores, por sus características aparejadas a su edad y momento de desarrollo que viven, son un colectivo que debe ser especialmente protegido frente a estos riesgos. (p.419).

6

Actualmente muchos pedófilos utilizan las redes sociales como Facebook Twitter y Instagram para poder captar a niños menores de edad asiéndose pasar por buenas personas para poder ganar la confianza con la finalidad de obtener imágenes o videos pornográficos, como lo menciona los autores el Negredo y Herrero (2016):

> *"La descarga, intercambio y producción de pornografía infantil es una conducta delictiva de importancia creciente. La explotación cruel de menores y su vínculo con otros problemas como el abuso sexual despiertan preocupación social y académica. El presente trabajo aborda la naturaleza del fenómeno, las características de los materiales que se etiquetan como pornografía infantil, los rasgos psicológicos de los usuarios y los programas de tratamiento existentes". (p.217).*

La población juvenil es el principal factor en sufrir los riesgos de hackeo en sus cuentas de redes sociales debido a que cada día los jóvenes se ven en la necesidad de postear o subir lo que pasa en su vida en redes sociales a demás no solo usan las redes sociales, sino también los jóvenes de hoy en día suelen utilizar redes o apps que los ayuden a encontrar pareja (apps de citas), por tal motivo que se ven afectados, ya que al usar este tipo de apps o redes pueden ser víctimas de hackeo o robo de identidad e información personal ,por ello se recomienda a los jóvenes no utilizar este tipo de apps, ya que pueden llegar a ser víctimas de ciberacoso, ciberbullyng, etc. En otras palabras, pueden robar la información personal del usuario, no obstante, si se quiere usar este tipo de apps o las redes sociales para un fin personal, se recomienda hacerlo de manera adecuada, siempre tener en cuenta la información que se sube y practicar la ciberseguridad para no sufrir ataques de hackers. (Pérez y Viera 2021).

Se determina que unos de los mayores peligros de las redes sociales para las personas menores de edad y adolescentes son el ciberbullyng, grooming, sexting y adicción a las redes sociales, los cuales, sin una adecuada educación en seguridad cibernética, los hace muy vulnerables a los ataques, como lo menciona la autora Vázquez (2021).

> *"Otros de los peligros a los que se enfrentan los internautas, son el sexting, el grooming, el pishing, el oversharing, el uso excesivo de redes sociales, entre otros; sin olvidar que este acceso ilimitado ocasiona también, la exposición a la infodemia y desinformación, así como a la pornografía". (p.70).*

La ciberadicción es un problema de adicción a Internet que se observa en menores, adolescentes y en adultos. Su indicador más significativo es la conexión compulsiva que se concreta en la necesidad de tener que conectarse con frecuencia muchas veces al día, como lo menciona los autores Sánchez y Zambrano (2020).

"Internet ofrece dos vías distintas de adicción: la ciberadicción autónoma y la ciberadicción complementaria. La primera merece la denominación de ciberadicción en sentido estricto, ya que el único vínculo adictivo patológico reside en la unión del sujeto con una dimensión del mundo virtual, siendo sus modalidades el ciberjuego, la cibercompra, el cibertrabajo, el cibersexo y la cibercomunicación". (p.3).

La importancia de la ciberseguridad es mantener a salvo a los usuarios y su información personal para que estos no se vean afectados por los ciberataques y poniendo en riesgo toda su información por eso recomienda ser muy cuidados en donde nos metemos en la red para no sufrir un ciberataque y no verse afectado, como lo menciona los autores Olivares, Ostos, Suárez y Pale (2022).

"Durante los últimos años las tecnologías de información y comunicación (TIC) se han convertido en una herramienta de gran utilidad en la vida cotidiana de miles de personas, con ello, además, día a día se abre paso a crímenes digitales o ciberataques poniendo en riesgo a todo aquel usuario de internet con la intención de obtener información personal y dañar de diferentes formas a una persona o entidad". (p.45).

Debido al paso del tiempo y la innovación en la tecnología es importante recalcar que también este tipo de avances provoca amenazas de distinto tipo, como invasión a la privacidad, tanto personal de usuarios comunes como ataques más severos a instituciones del gobierno, es por eso que estos cambios deben estar controlados, como lo menciona el autor González (2020).

"Las amenazas a la seguridad de la información han existido siempre, pero ha sido en los últimos años cuando los riesgos asociados a las mismas han sufrido un crecimiento exponencial. Esto se debe principalmente a los siguientes factores: impacto de ataques a la seguridad es mucho mayor debido a la mayor adopción de tecnológicos como elementos fundamentales en los procesos de negocio. La probabilidad de que se produzcan los ataques ha aumentado. La complejidad de las tecnologías empleadas aumenta la superficie de ataque y la Innovación por parte de los atacantes incrementa la capacidad de los mismos para amenazar la seguridad de la información. Estos factores explican la necesidad de investigar e innovar en ciberseguridad. Por un lado, la rápida evolución de las tecnologías y la necesidad por parte de las organizaciones por adoptarlas para mantener su competitividad y mejorar su eficiencia lleva asociada un incremento en el número de vulnerabilidades a las que están expuestas las empresas". (p.48).

Los sistemas de información se han vuelto vulnerables en distintas áreas como redes sociales, información de oficinas gubernamentales, hospitales, esto debido a distintas situaciones como lo pueden ser el espionaje, guerras o siempre robo de información y es casi imposible evitarlo al 100% ya que todos los sistemas son vulnerables, como lo menciona el autor De salvador (2014).

"Una revisión de los incidentes de seguridad que se hicieron públicos durante el año 2013 resulta demoledora: se produjeron en las más importantes redes sociales, servicios de chat, dispositivos móviles, agencias aeroespaciales, sistemas gubernamentales civiles y militares de cualquier país, hospitales, universidades, centros financieros, de tarjetas de crédito, afectaron a millones de usuarios de todas clases, a datos personales, sensibles, contenidos de la comunicación, información secreta, al tráfico de internet, etc. Las causas fueron de todo tipo: negligencias, guerras comerciales, políticas, espionaje, mafias, gobiernos o simplemente gamberros. Por supuesto, no son conocidas las brechas no publicitadas; ni las actividades de la guerra cibernética; ni los miles de casos de acoso; ni los incidentes causados por fenómenos naturales, imprudencias o por la captura sistemática de datos a través de tecnologías como las cookies, etc. Las entidades en general, y las empresas en particular, constatan cómo cada año los incidentes de seguridad son más numerosos, más agresivos, con mayor impacto en sus activos o en los de los ciudadanos". (p.3).

La ciberseguridad no es la protección total de los datos personales, sino la reducción de ataques cibernéticos de quienes suelen ser responsables distintos tipos de agentes, dese los que trabajan solos con fines personales que son conocidos como agentes de bajo perfil y los cibercriminales que suelen ser organizaciones mafiosas con fines económicos, como lo menciona el autor Ballesteros (2020).

"El término ciberseguridad» se ha generalizado hoy día en nuestra sociedad y, junto a él, algunos otros como ciberdelincuencia, ciberterrorismo, ciberataque, ciberdefensa, etcétera. Podemos decir que la ciberseguridad es la capacidad de resistir, con un nivel determinado de fiabilidad, a toda acción que comprometa la disponibilidad, autenticidad, integridad, o confidencialidad de los datos almacenados o transmitidos, o de los servicios ofrecidos. Es evidente que tanto en el mundo físico como en el virtual la seguridad al cien por cien no existe, pero se trata de reducir al máximo posible los riesgos de que una amenaza o un evento potencial negativo se materialice y cause un daño". (p.40).

Además cuando se habla sobre redes sociales o internet, nos damos cuenta de que en la actualidad es sumamente importante su uso ya que internet y las redes sociales se han convertido en un factor esencial en la vida de las personas, sin importar su edad, pero más en cambio se exponen muchos datos personales y por tal motivo los usuarios deben de ser responsables de lo que suben a redes sociales e internet para no sufrir pérdidas de datos para ello se debe tener las medidas de seguridad, como lo menciona los autores Blasco y Berna (2019).

"Internet se ha convertido en un elemento esencial de nuestras vidas, a través del cual accedemos a multitud de servicios (banca, compras, medios de comunicación, etc.) y ocio (videojuegos, música, películas y series), y cada vez más es un medio en el que nos relacionamos unos con otros (redes sociales, compartición fotos y videos, etc.). Todo lo anterior conlleva que nuestros datos personales e información privada viajan por la red de redes y debemos ser conscientes de los riesgos a los que nos exponemos y aquellas medidas que nos permitan mejorar nuestra seguridad y mantener un nivel de privacidad adecuado". (p.69).

Con base a lo anterior internet y las redes sociales son fundamentales en la vida cotidiana del ser humano y no importa la edad de las personas puesto que niños, adolescentes y adultos las utilizan , a consecuencia de su uso frecuente el usuario de redes sociales no solo puede sufrir ciberataques o ser víctima de un ciberdelito o ciberbullyng, también puede ser víctima de ella misma puesto que pone en riesgo su salud e integridad física, es por ello que además de prevenir y usar medidas de ciberseguridad en las redes también se ponga en práctica el buen manejo de ellas ya que su mal uso daña la salud del usuario y pone en riesgo su integridad, como lo menciona el autor Canaza (2022).

"Esta dimensión se basa en fantasear y pensar constantemente en las redes sociales alterando su control en el manejo del internet, obteniendo como resultado el aislamiento, delirio, insomnio, descuido de su entorno social; su aspecto físico, así como sus actividades académicas, de recreación y hasta de su salud. Algunos jóvenes presentan conductas adictivas como irritabilidad, dependencia, abstinencia y ansiedad. Los principales indicadores de obsesión a las redes sociales son: - Aumento de tiempo en el uso - Disminución del rendimiento académico - Gran irritabilidad frente a interrupciones - Exceso de dependencia y de alerta a los mensajes". (p.22-24).

Un caso no tan común pero si importante es el ciberterrorismo en las redes sociales, estos ataques son realizados por los criminales con la finalidad de causar daño o perjudicar a alguien, como una extorción, secuestro y robo, estos ataques suelen hacerlos atreves de las redes sociales o en foros de internet, unos de sus ataques más comunes son a través de malware malicioso, que sirven para realizar acciones malignas que pueden llegar a perjudicar a usuarios, como lo menciona los autores Poveda y Torrente (2016*).*

"Los ciberataques son actos criminales ejecutados a través de un ordenador u otra tecnología informática con el fin de causar algún daño o extorsión tanto físico (cuando se ataca a personas o propiedades) como tecnológico (cuando se ataca a otros equipos y sistemas informáticos". (p.512).

El Ciberacoso habitualmente ocurre en las redes sociales y dichos comportamientos agresivos entre niños y adolescentes pueden llegar a ser amenazas, insultos, burlas, insultos etc. De tal forma el objetivo principal del ciberacoso es dañar la reputación de la víctima y perjudicarla, para poder evitar el ciberacoso se debe proteger tu información y no sucumbir a las amenazas o decirle a algún a adulto sobre la situación, en algunas situaciones el ciberacoso se vuelve grave y es por ello que se recomienda actuar y tomar las medidas necesarias para evitar el ciberacoso en las redes sociales, como lo menciona el autor Verdejo (2015).

"Según Bocij y McFarlane, el ciberacoso es un conjunto de comportamientos mediante los cuales una persona, un conjunto de ellas o una organización usan las TIC para hostigar a una o más personas. Dichos comportamientos incluyen, aunque no de forma excluyente, amenazas y falsas acusaciones, suplantación de la identidad, usurpación de datos personales, daños al ordenador de la víctima, vigilancia de las actividades de la víctima, uso de información privada para chantajear a la víctima, etc". (p.35).

Con lo anterior las consecuencias que tiene usar inadecuadamente las redes sociales, son el ciberbullyng y ciberacoso, son las consecuencias más graves que existe en las redes sociales, debido a que su objetivo es hostigar a las personas y perjudicarlas gravemente, usar redes sociales inadecuadamente puede traer dichas consecuencias, como la autora Burgos (2020).

"Unas de las consecuencias graves del uso inadecuado de las herramientas que proporcionan las plataformas comunicacionales son el Ciberacoso y Ciberbullyng. El primero se conoce como el hostigamiento o malos tratos por parte de un individuo o grupo hacia otro, utilizando como medio la tecnología (internet), teléfonos fijos o móviles, correo electrónico, mensajes de texto, comentarios en fotos o publicaciones, los conocidos memes y stickers". (p.7.)

Actualmente las redes sociales por su crecimiento en internet tienden a crear marketing a través de anuncios, así como plataformas de streaming que busca con anuncios poder monetizar la plataforma, pero en ocasiones las personas tienden a ser estafadas por la misma plataforma robando información personal, como lo menciona el autor Vera (2020).

"La red social se volvió el centro del marketing donde cualquiera puede ser un prospecto y futuro cliente, por otra parte, los riesgos de ser robados nuestros datos de manera sigilosa o involuntaria van creciendo y afectando a cada vez más usuarios". (p.4).

Hoy en día los países que guardan información confidencial deben estar sin margen de error en su seguridad de redes y servidores ya que los llamados hackers están a la orden del día y su objetivo es robar información gubernamental y político que puedan usar en su contra con la nación, como lo menciona los autores Mariano, Gonzalo y Francisco (2020). *"ciberterrorismo es todo ataque terrorista cuyo objetivo es dañar una infraestructura crítica. Se entiende por infraestructura crítica aquellos elementos y sistemas propiedad de un Estado". (p.64).*

Conclusión.

Como conclusión de este ensayo comento que ese miedo de cosas que nos pueden pasar en redes sociales tanto como ustedes como nuestros hijos, parientes, etc. Tal como lo dice un autor somos víctimas de acoso y de bullying, los niños, los jóvenes e incluso los adultos sufrimos de extorciones, ya no estamos seguros de que nos van hacer por redes sociales, por llamadas, cuando nos entran alguna llamada de algún número desconocido ya tenemos hasta miedo de contestar por lo mismo porque nos pueden extorsionar. Sin embargo yo como alumno sufro por miedo , ya que hay niños que sufren mucho por las redes sociales el famoso Facebook y WhatsApp y si estamos tan preocupados de nuestros hijos usen un celular ya que no sabemos en qué se meten, o en qué tipos de páginas de internet se meten y ahí es lo que interviene la pornografía en los niños si como lo hemos escuchado tenemos miedo de que nuestros hijos se metan a redes profundas del internet, por lo cual eh decido hacer una aplicación e incluso algo para que las mamás no estén con esa angustia o con ese miedo, por ejemplo los niños pequeños no debemos de dejar que usen un celular ya que no vemos en que tipo o en dónde se meten en que página de internet entran, que tipos de mensajes reciben y como no saben lo aceptan, así que no hay que prestar y por supuesto ni regalar ningún tipo de dispositivo electrónico,, los jóvenes hoy en día hay muchos jóvenes que sufren de ciberbullyng, ciberacoso, entre muchas. Llegan hasta tener un suicidio por ese tipo de cosas ya que hay chicos que tanto que los molestan, o hacen cualquier tipo de broma, han sufrido de suicidio, en México el record mundial de personas de suicidio de cualquier tipo de cosas, pero más enfocado en las redes sociales es tan mayor que no somos capaces de dónde va acabar estos tipos de cosas que hacen. Incluso comento que son capaces de manipular a la gente por internet por cualesquiera tipos de redes sociales tengamos cuidado, niños, adultos de donde nos metemos, para que no pasen este tipo de cosas el tema en si están claro ya que hemos visto en familiares y amigos las cosas que han sufrido si claro hasta familiares hasta les hemos ayudado en todo eso por luego tienen miedo de sufrir algún tipo de cosas así, si somos capaces de nosotros mismos donde nos metemos en que aceptamos etc. Como finalización a este tema o a este ensayo, comentamos que cualquier tipo de llamada o cualquier cosa así no responder ya que no sabemos con qué nos vamos a encontrar o que sorpresa nos dará la vida.

Ariana, E. y María A. (2022). "Análisis de ciberataques sobre el uso de redes sociales en relación a la protección de datos personales en Ecuador", obtenido de la red mundial el 19 de septiembre del 2022, https://scholar.google.es/scholar?hl=es&as_sdt=0%2C5&q=ciberseguridad+en+las++%22redes+sociales%22+Escobar+&btnG=#d=gs_qabs&t=1663642939823&u=%23p%3DSdEAvubF9wIJ

Alexander, C (2019):"Modelo de implementación de ciberseguridad para sistemas IOT en el marco de redes 5g", Obtenido de la red mundial el día 12 de octubre del 2022,https://repositorio.utp.edu.co/server/api/core/bitstreams/4ba4ae57-fe91-4853-b841-21c52e403a96/content.

Astuni, G. Rabaia, M. y Brocca, F. (2022). "Ciberseguridad y terrorismo", Obtenido de la red mundial el 6 de noviembre de 2022, https://scholar.google.es/scholar?start=60&q=ciberseguridad+redes+sociales&hl=es&lr=lang_es&as_sdt=0,5#d=gs_qabs&t=1668574603002&u=%23p%3DhfckltRKMtIJ

Brenda, S. y Gabriela, Z. (2020). "La ciberadicción en el rendimiento académico de los estudiantes de educación básica superior de la escuela Cicerón Robles Velásquez, 2019", Obtenido de la red mundial el 13 de noviembre del 2022, https://www.eumed.net/rev/caribe/2020/08/ciberadiccion.html

Carlos, C. (2021) :" Ciberseguridad: Por dónde Empezar…" , Obtenido de la red mundial el día 12 de octubre del 2022 , https://revistas.unbosque.edu.co/index.php/RevTec/article/view/3803.

Cornejo, C. Johanna, T. y Sheyla, R. (2021). "Uso de redes sociales y calidad del sueño en adolescentes de una institución educativa–Arequipa", Obtenido de la red mundial el día 13 de noviembre del 2022, http://repositorio.unsa.edu.pe/bitstream/handle/20.500.12773/14494/ENtiflsr_cocaje.pdf?sequence=1&isAllowed=y22.

David, C. (2021). "Contribuciones en ciberseguridad y cibercriminal ", Obtenido de la red mundial el 19 de septiembre del 2022, https://scholar.google.es/scholar?as_ylo=2018&q=ciberseguridad+en+las++%22redes+sociales%22+Camacho+&hl=es&as_sdt=0,5#d=gs_qabs&t=1663645097219&u=%23p%3DS_8G0UpBO9MJ

Enrique, J. y Jesús, S. (2017). "Tecnología y desarrollo, riesgo y ciber seguridad en las empresas", Obtenido de la red mundial el 13 de septiembre de 2022, http://www.uax.es/publicacion/riesgos-de-ciberseguridad-en-las-empresas

Ellen, V. (2014). "Enseñar a los adolescentes los riesgos de las redes sociales: una propuesta de intervención en Secundaria", Obtenido de la red mundial el 18 de septiembre del 2022, https://www.revistacomunicar.com/index.php?contenido=detalles&numero=43&articulo=43-2014-12

Erick, T. Raúl, R. y Antonio, V. (2021). "La importancia de la ciberseguridad y los derechos humanos en el entorno virtual", Obtenido de la red mundial el 19 de septiembre del 2022, https://scholar.google.es/scholar?hl=es&as_sdt=0%2C5&q=La+importancia+de+la+ciberseguridad+y+los+derechos++humanos+en+el+entorno+virtual&oq=La+importancia+de+la+ciberseguridad+y+los+derechos++humanos+en+el+entorno+virtua#d=gs_qabs&t=1663644295540&u=%23p%3DzOdMeM0z0U8J

Elías, A. y Alejandra, D. (2015): "Impacto de las redes sociales e internet en la adolescencia: aspectos positivos y negativos", Obtenido de la red mundial el 12 de octubre del 2022, https://doi.org/10.1016/j.rmclc.2014.12.001

Enrique, P. y Merarlt, V. (2021). "Cuadernos de trabajo mundos juveniles", Obtenido de la red mundial el día 13 de noviembre del 2022, http://sij.unam.mx/documentos/upload/20211103135154.pdf#page=18.

Fernando, B. (2020). "La ciberseguridad en tiempos difíciles ¿Nos ocupamos de ella o nos preocupamos por ella?", Obtenido de la red mundial el 13 de noviembre del 2022, https://scholar.google.es/scholar?start=130&q=ciberseguridad+y+seguridad+informatica&hl=es&as_sdt=0,5#d=gs_qabs&t=1668382729572&u=%23p%3DYqwlfa4HdxYJ

German, P. (2021): "Una comparativa de los esquemas de ciberseguridad de China y Estados Unidos." Obtenido de la red mundial el día 12 de octubre del 2022, https://www.redalyc.org/journal/531/53169476007/53169476007.pdf

Ginger, B. (2020). "Violencia en las redes sociales: Ciberbullyng en adolescentes usando Facebook e Instagram", Obtenido de la red mundial el 15 de noviembre del 2022, http://dspace.utb.edu.ec/bitstream/handle/49000/8772/E-UTB-FCJSE-CSOCIAL-000289.pdf?sequence=1&isAllowed=y.

Juan, C. (2021). "Ciberseguridad y Comunicación: Guía para una comunicación", Obtenido en la red mundial el 19 de septiembre del 2022, https://scholar.google.es/scholar?hl=es&as_sdt=0%2C5&as_ylo=2021&q=ciberseguridad+en+las++%22redes+sociales%22+Cantero+&btnG.

Javier, C. (2021). "Ciberseguridad: Evolución y tendencias Obtenido de la red" mundial el 19 de septiembre del 2022, https://scholar.google.es/scholar?hl=es&as_sdt=0%2C5&as_ylo=2018&q=Ciberseguridad.%C2%A0Evoluci%C3%B3n%C2%A0y%C2%A0tendencias&btnG=#d=gs_qabs&t=1663645440794&u=%23p%3D2szDD15v2fAJ

Jorge C., Gorigori S. y Eleazar A. (2020) : "Detección de ciberataques a través del análisis de mensajes de redes sociales: revisión del estado de arte", Obtenido de la red mundial el 12 de octubre del 2022, https://rcs.cic.ipn.mx/2020_149_8/Deteccion%20de%20ciberataques%20a%20traves%20del%20analisis%20de%20mensajes%20de%20redes%20sociales_%20revision%20del%20estado.pdf

Javier, A. (2018): "Evolución de la agenda de ciberseguridad de la Unión Europea", Obtenido de la red mundial el día 12 de octubre del 2022 ,https://scholar.google.es/scholar?hl=es&as_sdt=0%2C5&q=Una+comparativa+ de+los+esquemas+de+ciberseguridad+de+China+y+Estados+Unidos.&btnG=.

Juan, P. (2021): "Ciber diplomacia y ciberdefensa", Obtenido de la red mundial el 11 de octubre de 2022, https://scholar.google.es/scholar?start=50&q=Ciberseguridad+y+Ciberdefensa+ &hl=es&lr=lang_es&as_sdt=0,5&as_ylo=2018#d=gs_qabs&t=1666411729494& u=%23p%3DlOOd-zQ-Q5kJ

Juan, G. (2018). "Innovación en ciberseguridad. Estrategias y tendencias", Obtenido de la red mundial el 13 de noviembre del 2022, https://dialnet.unirioja.es/servlet/articulo?codigo=6815100

Laura, N. y Oscar, H. (2016): "Pornografía infantil en internet", Obtenido de la red mundial el 12 de octubre del 2022, http://www.papelesdelpsicologo.es/pdf/2778.pdf

Luis, S. (2014). "Los problemas estructurales en el planteamiento de la ciberseguridad", Obtenido de la red mundial el 13 de noviembre del 2022, https://dialnet.unirioja.es/servlet/articulo?codigo=7651409

Miguel, P. y Begoña, T. (2016). "Redes sociales y ciberterrorismo. Las TIC como herramienta terrorista. *Opción: Revista de Ciencias Humanas y Sociales*, (8), 509-518", Obtenido de la red mundial el 13 de noviembre del 2022, https://www.redalyc.org/articulo.oa?id=31048481030.

María, V. (2015). "Ciberacoso y violencia de género en redes sociales: análisis y herramientas de prevención", Obtenido de la red mundial el 13 de noviembre del 2022,https://dspace.unia.es/bitstream/handle/10334/3528/978-84-7993-281- 7_2da.pdf?sequence=3&isAllowed=y.

María, V. (2021). "Factores protectores y de riesgo en el uso de redes sociales en adolescentes", Obtenido de la red mundial el 13 de noviembre del 2022,https://dspace.uazuay.edu.ec/handle/datos/11212

Mónica, M. y Christian, P. (2022): "Estrategia de sensibilización en seguridad de la información y ciberseguridad con enfoque en ingeniería", Obtenido de la red mundial el 11 de octubre de 2022, https://scholar.google.es/scholar?start=50&q=ciberseguridad+redes+sociales&hl=es&lr=lang_es&as_sdt=0,5&as_ylo=2018#d=gs_qabs&t=1666403154898&u=%23p%3D2l4gnJhMyFkJ

Martin, G. (2022): "Estudio del conocimiento de los menores sobre las consecuencias de sus actuaciones en las Redes Sociales", Obtenido de la red mundial el 12 de octubre del 2022,

https://revistascientificas.uspceu.com/doxacomunicacion/article/view/1726

Martín, C. Eduardo, W. Avil, P. y Diego, F. (2021). "Ciber seguridad de redes sociales, una revisión teórica", Obtenido de la red mundial el 13 de septiembre de 2022, https://scholar.google.es/scholar?start=0&q=ciberseguridad+redes+sociales&hl=es&as_sdt=0,5#d=gs_qabs&t=1663539421070&u=%23p%3DD4NyEEyC5voJ

Mario, B. (2021). "Redes sociales, desinformación, cibersoberanía y vigilancia digital: una visión desde la ciberseguridad", Obtenido en la Red Mundial el 12 de septiembre de 2022, https://dialnet.unirioja.es/servlet/articulo?codigo=8306043

Nelson, V. (2022). "Modelo de seguridad Informática riesgo de robo de información", *Obtenido de la red mundial el 6 de noviembre de 2022, https://scholar.google.es/scholar?start=60&q=ciberseguridad+redes+sociales&hl=es&lr=lang_es&as_sdt=0,5#d=gs_qabs&t=1668574950323&u=%23p%3DeRDkYLan1TAJ*

Nancy, O. Cecilia, O. Elsa, S, y Karen, P. (2022). Ciberseguridad: Análisis de riesgos en menores de edad en tiempos de pandemia (Caso de Estudio: Teocelo, Veracruz). *Interconectando Saberes*, Obtenido de la red mundial el 12 de noviembre del 2022, https://doi.org/10.25009/is.v0i14.2767

Oleguer, R. (2018). "Grado de conocimiento de ciber seguridad de generación digital", Obtenido de la red mundial el 13 de septiembre de 2022, https://scholar.google.es/scholar?start=30&q=ciberseguridad+redes+sociales&hl=es&as_sdt=0,5#d=gs_qabs&t=1663544164537&u=%23p%3DBmBbuviDIC4J

Poma, V. (2019). "Problemática en Ciberseguridad como protección de sistemas informáticos y redes sociales en el Perú y en el Mundo", Obtenido en la Red Mundial el 18 de septiembre de 2022, https://revistas.unitru.edu.pe/index.php/SCIENDO/article/view/2692.

Pablo, B. y José, B. (2019). "Guía práctica de ciberseguridad en el hogar", Obtenido de la red mundial el día 13 de noviembre del 2022, https://rua.ua.es/dspace/bitstream/10045/93293/1/Guia_practica_de_ciberseguri dad_para_el_hogar_Blasco_Herrero_Pablo.pdf

Roxana, C. (2021): "Ciber seguridad y Ciber defensa, Obtenido en la red mundial el 11 de octubre de 2022, https://revista-edwardsdeming.com/index.php/es

Robert, V. Luis, R. y Rolando, R. (2017) "Ciberdefensa y ciberseguridad, más allá del mundo virtual: modelo ecuatoriano de gobernanza en ciberdefensa", Obtenido en la Red Mundial el 21 de octubre de 2022, http://scielo.senescyt.gob.ec/scielo.php?script=sci_arttext&pid=S1390-42992017000200031

Seas, J. (2016). "Peligros de las redes sociales: Cómo educar a nuestros hijos e hijas en ciberseguridad", Obtenido de lared mundial el 18 de septiembre del 2022, https://www.scielo.sa.cr/scielo.php?script=sci_arttext&pid=S1409-42582019000300339

Whymper, M. y diego, A. (2021): "Ciberseguridad en las redes sociales: una revisión teórica", Obtenido en la Red Mundial el 12 de octubre de 2022, https://dialnet.unirioja.es/servlet/articulo?codigo=8298208